TRAITÉ

DE

CONCESSION

POUR LE SERVICE DES EAUX

DE LA VILLE DE FOURMIES

PARIS
IMPRIMERIE ET LIBRAIRIE CENTRALES DES CHEMINS DE FER
IMPRIMERIE CHAIX
SOCIÉTÉ ANONYME AU CAPITAL DE CINQ MILLIONS
Rue Bergère, 20
1891

COMMUNE
DE
FOURMIES

CONSEIL MUNICIPAL

Reg. 16. — N° 223

OBJET :
Distribution d'eau.

EXTRAIT

DU

REGISTRE DES DÉLIBÉRATIONS DU CONSEIL MUNICIPAL

DE

LA COMMUNE DE FOURMIES

Séance extraordinaire du 15 avril 1890.

Le Conseil municipal de la commune de Fourmies, s'est réuni au lieu ordinaire de ses séances, sur la convocation et sous la présidence de M. A. Bernier aîné, maire de la commune.

Présents : MM. Driguet, Lermigeaux, Levasseur, Mulat, Goury, Jacquies, Bouret, Poreaux, Demoulin, Watremez, Legrand, Evrard, Marchand, Carnoye, Prohon, Ricard, Mahy, Guillain, Bachy.

Absents : MM. Sizaire, Delval, Petit, Jacquot, Buissart, Delsaux.

A l'unanimité, sur la proposition de la Commission des finances, le Conseil approuve les termes de la convention additionnelle suivante, entre M. Cassian Bon et la ville de Fourmies, convention qui sera annexée au traité primitif passé entre la Ville et l'ancienne Société d'Aubrives et approuvé par M. le Préfet du Nord en date du 20 octobre 1884.

« Entre les soussignés, M. Auguste Bernier, maire de la » ville de Fourmies, agissant au nom de la Ville, d'une part, » aux termes de la délibération du Conseil municipal du » 15 avril 1890 ;

» Et M. Cassian Bon, industriel, demeurant à Aubrives, se » substituant dans l'exécution du contrat passé en 1884, avec

» la Société anonyme des Forges et Fonderies d'Aubrives
» d'autre part :

» Il a été fait la convention additionnelle suivante :

» M. Cassian Bon accepte les clauses et conditions du traité
» de concession de 1884, avec les modifications résultant des
» prescriptions du service des ponts et chaussées. Il renonce,
» en conséquence, aux avantages stipulés en principe dans la
» délibération du Conseil municipal du 5 février 1889.

» De son côté, la Ville garantit à M. Cassian Bon, après
» réception des travaux, un minimum de recette annuelle de
» quarante mille francs, pendant toute la durée de l'exploi-
» tation, à provenir du chef exclusif de la vente de l'eau.

» M. Cassian Bon prenant à ses risques et périls et à for-
» fait, toutes les dépenses de l'exploitation pour 20,000 francs
» par an, il est convenu qu'au delà de 60,000 francs, toutes
» les recettes provenant de la vente de l'eau se partageront
» également entre la Ville et M. Cassian Bon.

» Mais pour couvrir la Ville des avances qu'elle aurait pu
» faire pendant un ou plusieurs exercices dans le cas d'une
» vente d'eau inférieure à 40,000 francs, il est stipulé que
» les premières recettes réalisées au delà de 60,000 francs,
» serviront exclusivement à rembourser la Ville de ses
» avances, mais sans bonification d'intérêt pour le temps
» écoulé depuis lesdites avances.

» Les frais d'expropriation et d'achat de terrain et les indem-
» nités à des tiers étant comptés dans la dépense générale
» pour une somme de 150,000 francs, il est convenu que
» l'écart, s'il se produit, sera avancé par M. Cassian Bon,
» mais remboursé par la Ville au moyen d'une augmentation
» du chiffre de sa garantie annuelle et proportionnellement à
» la dépense supplémentaire sur la base de 4 0/0 y compris
» l'amortissement.

» *Exemple :* Au cas où il serait dépensé 100,000 francs
» en sus des 150,000 francs prévus, la Ville serait tenue à
» une garantie annuelle et supplémentaire de 4,000 francs,
» et la garantie totale de la Ville avec tous ses droits et ses
» charges, se trouverait ainsi portée à 44,000 francs.

» Dans le cas de réduction, la Ville restera nantie de toutes
» obligations représentant l'écart entre le chiffre prévu de
» 150,000 francs et le chiffre réel des indemnités payées.

» Pour couvrir la dépense totale fixée à 1,000,000 de francs, » sauf l'aléa des expropriations, M. Cassian Bon pourra créer » des obligations pour une somme égale et aura la facilité de » faire payer les coupons semestriels et d'opérer les tirages » par les soins du receveur municipal de Fourmies.

» A cet effet, une encaisse de 40,000 francs sera constituée et » renouvelée semestriellement par les soins de M. Cassian Bon » entre les mains dudit receveur, et ce par moitié.

» Toutes les commissions dues aux agents du Trésor ou au » receveur municipal, ainsi que toutes les dépenses résul- » tant du service des obligations, resteront à la charge du » concessionnaire et seront imputables aux frais d'exploita- » tion fixés à 20,000 francs.

» Il sera tenu compte au concessionnaire de l'intérêt pro- » duit par l'encaisse de 40,000 francs, constituée entre les » mains du receveur municipal au taux habituel des fonds » communaux placés au Trésor.

» Pour garantir la Ville de Fourmies de la stricte exécu- » tion des engagements pris, du service des coupons et de » toutes autres obligations, M. Cassian Bon lui donne pre- » mière hypothèque sur tous immeubles, matériel, conduites » d'eau et autres dépendant de la concession, et ce à ses frais.

» Les versements éventuels de la Ville, se feront avant le » 31 mars qui suivra l'exercice ayant produit une recette » d'eau inférieure à 40,000 francs.

» Fait en séance publique le 15 avril 1890.

» *Pour copie conforme :*

Le Maire de Fourmies,

» *Signé :* A. Bernier aîné. »

TRAITÉ DE CONCESSION

POUR LE SERVICE DES EAUX

DE LA VILLE DE FOURMIES

Entre M. Auguste BERNIER, maire de la ville de Fourmies, agissant au nom de la Ville, d'une part,

Et M. Léopold de LA VALLÉE POUSSIN, agissant comme administrateur-directeur de la Société anonyme des Forges et Fonderies d'Aubrives (Ardennes) dont le siège social est à Paris, 12, place Vendôme, d'autre part ;

Il a été convenu ce qui suit :

M. le Maire de la ville de Fourmies concède à la Société des Forges d'Aubrives le privilège exclusif d'amener et distribuer les eaux dans la ville de Fourmies, aux charges et conditions suivantes :

CHAPITRE PREMIER

Durée de la Concession, dispositions générales

ARTICLE PREMIER.

Durée de la concession. — La durée de la concession sera de cinquante années, à partir de la mise en fonction du service qui devra s'effectuer au plus tard un an après l'approbation du présent traité par l'autorité supérieure.

ARTICLE 2.

Rachat. — Un an avant l'expiration de la durée de concession, la ville aura le droit de racheter au Concessionnaire, moyennant un prix à débattre entre les parties, tout le matériel fixe et mobile, ainsi que toute installation, terrain, source, étang, etc., servant à l'amenée et à la distribution des eaux de Fourmies.

Estimation. — La plus-value industrielle, la clientèle, les terrains concédés gratuitement par la ville, si des concessions de ce genre avaient lieu, n'entreront pas en ligne de compte. L'estimation reposera uniquement sur la valeur matérielle des travaux au moment de leur livraison à la ville.

Arbitrage. — Si les deux parties ne tombent pas d'accord sur le prix de rachat, elles nommeront chacune deux experts. En cas de partage des voix, chacune des parties nommera un nouvel arbitre et demandera à M. le Préfet du Nord de vouloir bien en désigner un septième. L'arbitrage ainsi constitué fixera, souverainement et sans appel, le prix de rachat dû par la ville à la Compagnie concessionnaire.

ARTICLE 3.

Paiement. — La Ville aura le droit de payer le prix du rachat en obligations portant intérêt à 4 0/0 par an et remboursables au pair par voie de tirage au sort en 25 ans au maximum.

ARTICLE 4.

Nouvelle concession, droit de préférence. — Si, au lieu d'exercer son droit de rachat, la Ville croit devoir accorder une nouvelle concession, elle la donnera de préférence au concessionnaire sortant. Si elle accorde une nouvelle concession, la Ville communiquera, un an avant l'expiration de la concession donnée par les présentes, les nouveaux cahiers des charges et règlement au concessionnaire sortant. Celui-ci devra, dans un délai maximum de six mois après cette communication faire connaître à la Ville s'il accepte ou non les conditions de la nouvelle concession. Passé ce délai, si le concessionnaire sortant n'a pas fait connaître ses intentions, il perdra son droit à la préférence.

Article 5.

Prolongation d'une année. — Si l'année prévue pour la transaction ne suffisait pas pour faire tomber d'accord les parties, le Concessionnaire sera tenu, à l'expiration de la concession, de continuer le service des eaux pendant une année, aux charges et conditions de la présente convention, sauf à remettre à la Ville la partie de sa recette brute annuelle dépassant soixante mille francs.

Article 6.

Frais et remboursement d'études. — Tous les frais d'actes et d'enregistrement du présent traité seront à la charge du Concessionnaire, la Ville estimant pour la perception des droits d'enregistrement la valeur de la présente concession à vingt mille francs, et la valeur des plans, timbres. expéditions, études antérieures à quatre mille francs, à rembourser par le Concessionnaire comme il sera dit ci-après.

Il est entendu que la Ville accordera au Concessionnaire la franchise des droits d'octroi sur les matériaux qui seront employés pour l'installation de la distribution des eaux.

Le Concessionnaire effectuera le remboursement des 4,000 francs par annuités et par dixièmes à partir de 1886 pour finir en 1895, au moyen d'une retenue sur le prix de vente des eaux municipales.

Article 7.

Cautionnement. — Dans les dix jours qui suivront l'approbation du présent traité par les autorités supérieures, le Concessionnaire devra déposer un cautionnement provisoire de 25,000 francs, soit dans les caisses de l'Etat, soit dans celles du Receveur municipal en titres ou valeurs de la convenance de ce dernier.

Ce cautionnement lui sera remboursé :

1° Vingt mille francs, dès que les acquisitions ou approvisionnements effectués représenteront une somme d'au moins cinquante mille francs.

2° Cinq mille francs après l'achèvement complet et la mise en service de la distribution d'eau, telle qu'elle est indiquée sur le plan de canalisation ci-joint :

CHAPITRE II

Description des Travaux

Article 8.

Déclaration d'utilité publique. — La Ville fera toutes diligences pour obtenir la déclaration d'utilité publique pour la distribution d'eau.

Article 9.

Quantité d'eau à amener. — Le Concessionnaire s'engage à ramener à Fourmies à ses seuls frais, risques et périls et pendant toute la durée de la concession, l'eau nécessaire aux besoins publics et privés.

La première installation devra être suffisante pour permettre de conduire et distribuer, dans Fourmies, trois mille mètres cubes d'eau par vingt-quatre heures :

mais il est bien entendu que pendant toute la durée de la concession, le Concessionnaire sera toujours tenu de fournir aux conditions des présents traité et règlement l'eau nécessaire aux besoins publics et privés de la ville de Fourmies sans, toutefois, pouvoir être astreint à amener un volume d'eau supérieur à six mille mètres cubes par vingt-quatre heures.

Article 10.

Travaux. — Les eaux devront être amenées à Fourmies dans un réservoir placé à la cote 226.

Les eaux amenées seront celles de l'étang de la Galoperie, ou de la Lobiette ou de Milourd (Maka). Leur emploi dans une grande industrie locale, constaté par l'Administration, leur ayant fait reconnaître toutes les qualités exigées pour l'usage industriel des laines et pour celui alimentaire, leur séjour dans l'étang leur assurant d'ailleurs une décantation suffisante pour les matières en suspension.

Les conduites seront en tuyaux de fonte coulés verticalement, devant résister à une pression de 15 atmosphères; les joints devront être en plomb.

Les travaux seront exécutés d'après les règles de l'art et avec des matériaux de premier choix, contrôlés par l'Administration municipale. La conduite des eaux dans chaque rue devra, autant que possible, être installée sur le côté où il n'y a pas de conduites pour le gaz.

Article 11.

Surveillance des travaux. — Les travaux à exécuter sur la voirie urbaine seront surveillés par les agents de la Ville et ceux des grande et petite voirie le seront par les agents du département.

Les travaux à exécuter sur les routes et chemins dépendant de la grande voirie ou de la voirie vicinale de grande communication ne pourront être entrepris qu'après autorisation préalable de qui de droit.

ARTICLE 12.

Remise des plans. — Après exécution des travaux, le Concessionnaire remettra à la Ville tous les plans et dessins des travaux exécutés, avec indication sur les plans de canalisation des bouches d'arrosage, d'incendie et des bornes-fontaines.

ARTICLE 13.

Bouches d'eau. — Le Concessionnaire établira et entretiendra à ses frais aux endroits qui lui seront indiqués par l'Administration municipale, mais sur le réseau de la canalisation, cent cinq bouches d'eau sous trottoir, destinées à fournir l'eau pour le service public de la ville et les cas d'incendie.

En plus de ces cent cinq bouches d'incendie, la Ville pourra exiger du Concessionnaire l'installation et l'entretien supplémentaire de six bouches d'eau sous trottoir par kilomètre de nouvelle canalisation, étant donnée la canalisation actuelle portée au plan et qui a une longueur de 13 à 14 kilomètres.

Ces appareils seront d'un système présenté par la Compagnie et agréé par la Ville.

Chacune des bouches d'eau devra être munie d'un raccord à incendie sur lequel pourront se visser les tuyaux des pompes de la Ville.

La Compagnie concessionnaire devra placer et entretenir à ses frais sur le mur des riverains des plaques indiquant l'emplacement des bouches d'eau; le modèle de ces plaques devra être approuvé par la Ville.

La Ville aura toujours droit, en vue d'incendie à combattre, soit d'installer de nouveaux appareils perfectionnés, soit d'améliorer dans ce but ceux existants; de même la Ville pourra changer ou modifier l'emplacement des bouches d'eau ou en augmenter le nombre si elle le juge convenable, pourvu que les appareils nouveaux ou déplacés soient toujours placés sur le réseau existant.

Les frais de tous ces travaux seront à la charge de la Ville et payés par elle à la Compagnie, sur mémoire dressé suivant les prix du tarif ci-annexé.

Article 14.

Fontaines monumentales. — Des fontaines monumentales pourront être élevées aux frais de la ville, aux emplacements qu'elle indiquera. Le débit de ces fontaines sera réglé d'accord entre les parties.

Article 15.

Volume d'eau gratuit. — Le Concessionnaire fournira gratuitement à la ville un volume d'eau journalier ne pouvant dépasser cinq cents mètres cubes, et dont la ville disposera pour le lavage des égouts, urinoirs et vespasiennes, l'arrosement des rues, squares, promenades et jardins publics, et les besoins des services publics installés dans le voisinage des bouches et des fontaines, en s'interdisant formellement de céder tout ou partie du volume d'eau fourni pour le service public.

Article 16.

Bornes-fontaines dans les établissements municipaux. — Le Concessionnaire devra installer et entretenir à ses frais une conduite d'alimentation et une borne-fontaine à repoussoir dans chacun des édifices municipaux loués par la ville ou lui appartenant, ainsi que dans tous les établissements occupés par l'Etat ou le Département.

Ces bornes-fontaines ne pourront jamais être établies sur une voie publique.

Ces bornes-fontaines, ainsi que leur branchement et accessoires deviendront la propriété de la Ville aussitôt après leur établissement.

Article 17.

Extension de la canalisation. — La Ville pourra toujours obliger le Concessionnaire à canaliser une rue publique ou privée, lorsque le montant des abonnements à réaliser sur le parcours de la conduite à établir représentera une recette brute de 10 0/0 de la dépense à faire.

Article 18.

Bornes-fontaines publiques. — La Ville se réserve le droit de faire établir un nombre de bornes-fontaines calculé à raison de quatre bornes-fontaines par kilomètre de canalisation. Ces bornes-fontaines devront débiter au moins quarante litres d'eau par minute. Elles seront d'un modèle approuvé par la Ville. Elles seront établies au moment et à l'endroit qui seront indiqués par l'Administration municipale. Ces bornes-fontaines devront être alimentées jour et nuit. Les frais d'achat, d'installation et d'entretien de ces bornes-fontaines seront à la charge de la Compagnie concessionnaire.

La Ville paiera pour l'eau fournie à ces bornes-fontaines un abonnement de 60 francs par an et par borne.

L'abonnement partira du premier du mois dans lequel la borne-fontaine sera livrée à l'usage public. L'eau de ces appareils ne pourra servir qu'aux besoins domestiques : le puisage devra donc se faire avec des ustensiles de ménage et portés à la main, toute prise pour usage industriel étant absolument interdite.

Article 19.

Exécution des travaux. — Tous les travaux de pose et de conduite, ouverture et rebouchage de tranchées, repavage et réparations occasionnés par la pose des tuyaux, seront faits par le Concessionnaire qui sera tenu de rétablir la chaussée des routes et des voies communales, ainsi que les bordures, trottoirs, fils d'eau, etc., dans l'état primitif.

Ces travaux devront être exécutés avec la plus grande célérité, de façon à ne pas entraver la circulation.

Article 20.

Durée de responsabilité de la mise en viabilité. — Pendant un an après l'achèvement des travaux le Concessionnaire sera tenu à l'entretien des chaussées sur les parties refaites à la suite des travaux d'installation des conduites.

Les réparations devront être commencées dans les vingt-quatre heures de la réquisition adressée au Concessionnaire par les agents des ponts et chaussées ou les agents de la Ville, suivant le classement de la rue où la réparation est demandée.

Si les travaux de réparation n'étaient pas commencés dans le délai ci-dessus, ou, si une fois commencés, ils étaient interrompus, l'Administration les fera exécuter aux frais et risques du Concessionnaire, sans qu'il puisse être admis à faire la moindre réclamation et ce, indépendamment des poursuites qui pourront être dirigées contre lui pour contravention à la police de la voirie.

Le Concessionnaire sera tenu d'opérer à la canalisation et au tuyautage tout changement nécessité par les travaux de la Ville, et ce sans autre indemnité que les frais occasionnés par le changement.

Article 21.

Ouverture de tranchées pendant l'exploitation. — Après les travaux de premier établissement, la Compagnie concessionnaire ne pourra ouvrir de tranchées sur la voie publique qu'avec l'autorisation de l'Administration municipale et sous les conditions qu'elle aura édictées; toutefois, les réparations à faire sur les voies publiques appartenant à la voirie urbaine par suite de fuites d'eau, aussi bien celles à la charge de la Compagnie que celles à la charge des abonnés, seront exécutées immédiatement sans attendre l'autorisation réglementaire, mais à la condition pour le Concessionnaire d'en donner avis de suite au bureau de la voirie municipale.

ARTICLE 22.

Branchements particuliers. — Les travaux d'embranchements sur la conduite publique seront exécutés et réparés aux frais des abonnés et au prix du tarif ci-annexé, et par les ouvriers de la Compagnie, dans le cas de distribution à la jauge jusqu'au réservoir, dans le cas de distribution au compteur jusqu'au compteur inclusivement, et dans le cas d'abonnement à robinet libre jusqu'au robinet inclusivement.

ARTICLE 23.

Paiement des branchements particuliers. — Pendant les trois premières années de l'exploitation, la Compagnie exécutera pour le compte des abonnés qui le demanderont, les travaux de branchement, et le montant lui sera remboursé en dix années, chaque annuité comprenant l'intérêt à 6 °/₀ et l'amortissement. Si la Compagnie le juge utile au développement du service de distribution des eaux, elle pourra prolonger pendant une nouvelle période de trois ans cette facilité de paiement. La Compagnie restera propriétaire des branchements et appareils jusqu'à l'acquit total des sommes dues par l'abonné.

ARTICLE 24.

Réparations des branchements particuliers. — Pendant deux ans après l'établissement d'un branchement particulier, les réparations faites par la Compagnie seront à sa charge, sauf dans les cas suivants :

1° Lorsque les dégradations et dérangements proviendront du fait de l'abonné ;

2° Lorsque ces réparations seront nécessitées par des travaux de la Commune, de l'Etat ou du Département ou par toutes autres causes indépendantes de sa volonté.

CHAPITRE III

Modes d'Abonnements.

ARTICLE 25.

Conditions générales. — Le Concessionnaire sera tenu de fournir l'eau aux particuliers riverains des voies canalisées, lorsqu'ils en feront la demande.

Cette fourniture sera faite suivant la convenance de ces derniers par des abonnements :

1° Au compteur ;

2° Au robinet de jauge ;

3° Au robinet libre,

avec cette restriction pourtant, que l'abonnement à robinet libre ne peut être appliqué que pour fournir de l'eau exclusivement réservée aux usages domestiques, la Compagnie se réservant le droit de fournir le robinet du système se fermant seul.

Les polices à passer avec les abonnés seront rédigées conformément au modèle ci-joint et les conditions des abonnements seront celles du règlement venant ci-après, qui contient aussi le tarif des travaux de branchements à exécuter pour le compte des particuliers.

CHAPITRE IV

Cahier des charges.

Article 26.

Délai pour le commencement des travaux. — Si la Compagnie n'a pas commencé les travaux dans un délai de trois mois, à partir de l'approbation du présent traité par l'autorité supérieure, elle sera déchue de plein droit, sans qu'il y ait lieu à aucune notification ou mise en demeure préalables. Dans ce cas, le cautionnement de 25,000 francs deviendra la propriété de la Ville et lui restera acquis.

Article 27.

Délai pour l'exécution des travaux. — Les différents travaux nécessaires à l'alimentation de la ville de Fourmies, plan de canalisation, devront être terminés et la distribution devra pouvoir fonctionner pour se continuer sans interruption jusqu'à la fin de la concession, dans un délai de sieze mois, étant entendu que dans les premiers dix mois 10,000 mètres au minimum de conduite de dlstribution seront posés et prêts à fonctionner.

Le Concessionnaire devra prendre en sérieuse considération les besoins des établissements pour les desservir autant que possible avant ce délai.

Article 28.

Déchéance et pénalités. — Faute par la Compagnie d'avoir exécuté les travaux à sa charge dans le délai fixé, elle sera passible d'une amende de 100 francs par jour de retard. De plus et de plein droit, elle encourra la déchéance et il sera pourvu à la continuation et à l'achèvement des travaux comme à l'exécution des autres engagements contractés par la Compagnie au moyen d'une adjudication qu'on ouvrira sur les clauses du présent traité et sur une mise à prix fixée par le Conseil municipal, des ouvrages déjà construits, des matériaux et des terrains achetés. La Compagnie évincée recevra de la nouvelle Compagnie la valeur que la nouvelle adjudication aura déterminée. Le cautionnement deviendra la propriété de la ville.

Si l'adjudication ouverte n'amène aucun résultat, une seconde adjudication sera tentée sur les mêmes bases dans un délai de deux mois. Si cette seconde tentative reste encore sans résultats, la Compagnie sera définitivement déchue de tous ses droits à la concession et les portions de travaux déjà exécutés, ainsi que les matériaux et terrains appartenant à la Compagnie deviendront immédiatement la propriété de la Ville.

En cas d'interruption partielle ou totale du service de la distribution d'eau, la Ville prendra immédiatement aux frais et risques de la Compagnie les mesures nécessaires pour assurer provisoirement le service.

Si, dans les trois mois de l'organisation de ce service provisoire, la Compagnie n'a pas valablement justifié des moyens de reprendre et de continuer l'exploitation, et si elle ne l'a pas effectivement reprise, la déchéance pourra être prononcée par le Conseil municipal.

Article 29.

Cas de force majeure. — Les dispositions de l'article 27 ne seront point applicables au cas où le retard, ou la cessation des travaux, ou l'interruption du service de distribution proviendraient de force majeure régulièrement constatée.

L'article précédent n'étant aucunement comminatoire il sera appliqué dans toute sa rigueur. La teneur ne pourra en être modifiée que par une délibération spéciale du Conseil municipal.

Article 30.

Entretien des ouvrages. — Les tuyaux, conduites, réservoir, pompes, machines, en un mot tous les bâtiments et ouvrages exécutés par le Concessionnaire en vertu du présent traité seront constamment entretenus par lui en bon état, de façon à donner un service régulier.

Article 31.

Mesure d'ordre. — Les services publics seront faits par les agents de la ville, conformément aux ordres de service arrêtés chaque mois par le Maire dans les conditions indiquées au règlement ci-joint.

Le Concessionnaire remettra à la Ville le nombre de clefs de bouches d'eau que celle-ci jugera nécessaire ; les clefs ne pourront servir qu'en cas d'incendie et pour le service public.

Le puisage par les particuliers aux bouches d'eau est formellement interdit et sera poursuivi comme contravention aux règlements de police, sans préjudice des demandes en dommages-intérêts à intenter par la Compagnie aux contrevenants.

En cas d'incendie, la Compagnie sans pouvoir réclamer aucune indemnité, mettra toute l'eau de son réservoir à la disposition de l'Administration municipale et sur la demande de M. le Maire ou de son délégué et de M. le Commandant de la Compagnie des sapeurs-pompiers : la Compagnie Concessionnaire fera le nécessaire pour que les secours ne soient pas interrompus.

Les abonnés ne pourront exercer aucun recours contre le Concessionnaire pour interruption dans le service de distribution par suite d'incendie ou pendant sa durée.

Un réseau téléphonique devra être établi du bureau central au réservoir ; et, à la prise d'eau un jeu de vannes permettra, en cas d'incendie, d'envoyer directement les eaux dans les conduites sans passer par le réservoir de distribution.

Article 32.

Services publics. — Le Concessionnaire fournira gratuitement à la Ville pour le service public, un volume d'eau de 500 mètres cubes par 24 heures. Cette eau alimentera :

1° Les bouches d'eau;

2° Les fontaines monumentales, jets d'eau, cascades, etc., qui pourront être établis par la Ville, conformément à l'article 13;

3° Les bornes-fontaines placées dans l'intérieur des établissements municipaux, d'après l'article 15. Cette eau sera employée aux usages désignés à l'article 14.

Article 33.

Interruption du service des eaux. — En cas d'interruption du service des eaux pour un motif quelconque, le Concessionnaire devra prendre des mesures immédiates, afin de le rétablir le plus promptement possible; de plus, il devra sur l'heure prévenir l'Administration municipale en lui indiquant la cause de l'arrêt, sa durée probable et les mesures prises pour le faire cesser.

Si le Concessionnaire ne se conforme pas à ces prescriptions, la Ville pourra prendre telles mesures qu'elle jugera convenable, pour rétablir le service des eaux, et cela aux frais du Concessionnaire.

Si l'interruption du service des eaux a été causée par suite d'imprévoyance ou d'incurie, mauvais établissement ou mauvais entretien, le Concessionnaire encourra une amende de cinquante francs par jour sans préjudice des actions en dommages-intérêts qui pourront lui être intentées par les particuliers.

En toute hypothèse, qu'il s'agisse ou non de cas de force majeure, il sera fait par le Concessionnaire, à la Ville comme aux abonnés, une diminution sur le prix d'abonnement pour tout le temps pendant lequel aura duré le chômage.

Pendant l'hiver, le Concessionnaire sera tenu de prendre toutes les mesures pour que la gelée ne puisse interrompre le service ou endommager le matériel.

ARTICLE 34.

Election de domicile. — Si le Concessionnaire constitue une Société locale pour l'exploitation des eaux de Fourmies, le siège de cette Société sera dans cette ville. Dans le cas contraire, il sera tenu d'y avoir un représentant qui devra toujours se tenir à la disposition de l'autorité municipale.

ARTICLE 35.

Règlements municipaux. — Le Concessionnaire devra se conformer à tous les règlements que l'autorité municipale croira devoir édicter pour déterminer les conditions de fonctionnement des bouches, des fontaines, etc.

ARTICLE 36.

Contrôle de l'exploitation. — Le Concessionnaire devra soumettre tous ses livres et autres documents de comptabilité concernant son exploitation des eaux de Fourmies aux examens et vérifications que la Ville croirait devoir réclamer.

ARTICLE 37.

Agents. — L'Administration municipale nommera elle-même les divers agents dont l'intervention lui paraîtra nécessaire pour le contrôle et la surveillance de la distribution des eaux.

Elle fixera leur traitement, lequel sera payé par la caisse municipale.

Si un agent de la Compagnie donnait lieu à des plaintes reconnues fondées et légitimes, l'Administration municipale aurait la faculté d'exiger son renvoi.

ARTICLE 38.

Interprétation du traité. — La ville de Fourmies accepte la proposition que lui fait le Concessionnaire de soumettre au jugement de l'arbitrage constitué conformément à l'article 2, la solution de toutes les questions qui pourraient être soulevées, non seulement sur l'interprétation du présent traité, mais encore sur les questions spéciales qui pourraient ne pas avoir été prévues ou suffisamment expliquées.

Dès aujourd'hui, le Concessionnaire remet entre les mains de la municipalité de Fourmies les plans des canalisations dans les rues de cette ville.

CHAPITRE V

Règlement et Tarif des Abonnements.

ARTICLE 39.

Les abonnements partent du 1er janvier, 1er avril, 1er juillet, 1er octobre de chaque année.

Le volume d'eau concédé sera fourni chaque jour dans les meilleures conditions possibles de régularité et le service sera fait,

Savoir :

1° Par compteur ;

2° Par écoulement constant ou intermittent, régulier ou irrégulier réglé par un robinet de jauge dont les agents de la Compagnie auront seuls la clef : dans ce mode de livraison, les eaux seront reçues dans un réservoir dont la hauteur sera indiquée par les agents de la Compagnie et déversée par un robinet muni d'un flotteur;

3° Par robinet libre.

ARTICLE 40.

Débit libre. — Les abonnements à débit libre ne peuvent être appliqués qu'aux services domestiques; ils donnent droit à des robinets que l'abonné peut ouvrir à volonté pour emplir un vase quelconque; ces robinets doivent être fermés après que le vase est rempli.

ARTICLE 41.

Débit mesuré. — Le compteur ou le robinet de jauge pourra être imposé :

1° A toute maison dont la superficie arrosable dépasserait trois ares;

2° A tout abonné dont la profession nécessite une consommation d'eau autre que celle exigée par ses besoins personnels et domestiques;

3° A tout abonné possédant un jet d'eau, cascade, bassin et autres installations de luxe susceptibles de consommer de l'eau.

ARTICLE 42.

Immeubles comportant les deux natures de débit. — Un abonnement d'eau à débit libre ne peut exister dans un immeuble qui est en même temps l'objet d'un abonnement à débit mesuré, ni dans un immeuble communiquant avec un autre immeuble pour lequel le débit devrait être mesuré; sont considérés comme étant en communication tous les immeubles qui ne sont pas séparés par des clôtures pleines de deux mètres de hauteur.

Tout propriétaire pourvu d'un abonnement à débit libre, qui dans la suite augmentera l'importance de sa propriété ou établira soit une industrie, soit un commerce consommant de l'eau, soit un jet d'eau, une cascade ou toute autre consommation d'agrément devra préalablement dénoncer ce changement au Concessionnaire, à peine d'amende ou de retrait d'abonnement.

ARTICLE 43.

Fourniture et pose des compteurs. — Les compteurs sont à la charge des abonnés qui ont la faculté de les acheter, parmi les systèmes approuvés par la Ville, la Compagnie entendue.

Les compteurs ainsi achetés ne pourront être mis en service qu'après avoir été vérifiés et poinçonnés par l'Administration.

Ils seront soumis, quant à l'exactitude et à la régularité de leur marche, à toutes les vérifications que l'Administration et la Compagnie jugeront devoir prescrire. L'eau dépensée pour ces opérations ne sera pas portée au compte de l'abonné.

Les compteurs achetés par les abonnés pourront être posés par leur entrepreneur particulier, mais cette installation qui sera vérifiée par les agents de la Compagnie devra être faite conformément aux indications de la police d'abonnement ; le plombage sera fait par les agents de la Compagnie.

Lorsqu'il sera constaté que, par usure ou par toute autre cause, le compteur n'indique pas exactement le volume d'eau qui le traverse, l'abonné sera tenu de le faire réparer ou remplacer à ses frais et dans le plus bref délai possible.

Tout abonné qui, par une manœuvre quelconque, aura empêché ou laissé empêcher le fonctionnement régulier d'un compteur sera poursuivi devant les tribunaux compétents.

ARTICLE 44.

Prix. — Débit libre public. — Le prix de l'abonnement annuel à robinet libre sera réglé comme suit :

Un seul robinet établi sur la pierre d'évier dans un appartement habité par une, deux, trois ou quatre personnes, 18 fr. 00

Pour chaque personne en plus, les enfants au-dessous de sept ans seront comptés par moitié, 3 fr. 00

Par chaque robinet supplémentaire que l'abonné voudra placer dans les appartements,

Dans les cabinets d'aisances,	3 fr. 00
Dans les salles de bains,	9 fr. 00
Dans les salles de douches,	7 fr. 00
Dans une buanderie,	4 fr. 50
Dans les autres parties de l'appartement,	4 fr. 00

Tout propriétaire ou locataire principal qui, dans la maison qu'il habite, loue des appartements soit à des personnes vivant seules, soit à des ménages, ne pourra prendre un abonnement à débit libre qu'en payant en sus de la taxe acquittée par lui à titre de propriétaire ou de locataire principal, celle de 6 fr. par chaque locataire vivant seul et 12 fr. par ménage, à moins qu'il ne soit prouvé que lesdits locataires ne font absolument pas usage de l'eau provenant du robinet libre du propriétaire ou principal locataire ou que lesdits logements soient entièrement séparés.

Si, dans le cours de l'abonnement à débit libre, des appartements sont loués, le propriétaire doit en faire la déclaration.

Une diminution du nombre d'appartements entraînera la réduction du prix d'abonnement; cette réduction toutefois ne portera pas sur le trimestre dans lequel la déclaration de l'abonné aura été faite.

Animaux et voitures. — Dans les abonnements à débit libre, l'abonné paiera en sus de la somme due par lui du chef de l'immeuble :

4 fr. par chaque voiture suspendue, 4 roues.
2 fr. — 2 roues.
4 fr. par tête pour les chevaux.
2 fr. — vaches, bœufs et ânes.

Les prix ci-dessus fixés ayant trait à l'abonnement à débit libre seront diminués de 25 0/0 pour les familles appartenant à la classe ouvrière et occupant des logements d'un loyer inférieur à 300 francs.

Article 45.

Débit mesuré, prix. — Les abonnements à débit mesuré comprennent :

1° L'abonnement au compteur ;

2° L'abonnement au robinet de jauge.

Les abonnements à débit mesuré seront payés au mètre cube, toute fraction de mètre cube sera comptée comme unité. Le prix du mètre cube est fixé à 35 centimes, ce prix sera abaissé à 30 centimes, pour les quantités excédant une consommation annuelle de 360 mètres cubes.

Dans aucun cas le prix de l'abonnement annuel à débit mesuré ne pourra être inférieur à 25 francs.

Prix des concessions industrielles. — Le prix du mètre cube sera de 0 fr. 18 centimes pour les premiers 3,000 mètres cubes et 0 fr. 12 pour les suivants.

Les concessions industrielles pourront se traiter de gré à gré.

Le prix minimum des concessions industrielles est fixé à 600 francs par an, quelle que soit la consommation.

Article 46.

Service temporaire. — Les habitants pourront obtenir de l'eau pour des services temporaires à l'extérieur des propriétés ; dans ce cas, la quantité d'eau employée sera jaugée par un compteur portatif et sera payée 0 fr. 35 le mètre cube, plus les frais d'installation.

Article 47.

Paiements. — Débit libre. — Le prix annuel de l'abonnement par robinet libre sera payé par trimestre et d'avance dans les premiers jours de Janvier, Avril, Juillet et Octobre.

Débit mesuré. — Compteur. — Dans l'abonnement par compteur, la consommation réelle sera payée à la fin de chaque trimestre.

Robinets de jauge. — Le prix annuel de l'abonnement sera payé par trimestre et d'avance dans les premiers jours de Janvier, Avril, Juillet et Octobre.

Le prix de l'abonnement de la concession est dû à partir du jour de la signature du procès-verbal de réception prescrit à l'article 57 du présent règlement.

La quantité d'eau dépensée sera constatée dans les premiers jours de chaque trimestre par les agents de la Compagnie concessionnaire, ou plus souvent si elle le désire.

Cette quantité sera consignée sur un bulletin qui sera laissé chaque fois à l'abonné ; ces bulletins serviront, en cas de contestation, à établir la redevance à la fin de chaque trimestre.

Article 48.

Défaut de paiement. — L'abonné qui n'aura pas payé la redevance aux termes voulus sera prévenu par une lettre chargée. Si, malgré cet avertissement, il ne paye pas dans les trois jours qui le suivront, le robinet d'arrêt sera fermé sans que pour cela la redevance cesse de courir et sans préjudice aussi des poursuites à exercer et des sommes à réclamer du chef de la concession accordée.

Article 49.

Durée des abonnements. — La durée des abonnements est de cinq années consécutives partant du premier des mois de Janvier, Avril, Juillet, Octobre de chaque année. L'abonné aura la facilité de résilier à la fin de cette période moyennant avertissement préalable de trois mois.

Néanmoins, l'abonné pourra se dégager pour cause

de départ de son habitation ou cessation d'industrie et en prévenant trois mois d'avance.

Les quittances d'abonnement désigneront la date de l'expiration de l'abonnement pour chacun des abonnés à titre de renseignement.

Article 50.

Tacite reconduction. — Le silence des parties, trois mois avant l'expiration du traité, sera considéré comme un renouvellement d'abonnement aux mêmes conditions pour le terme d'une année.

Les renouvellements se poursuivront ainsi d'année en année par tacite reconduction.

Le Concessionnaire ne pourra non plus modifier les traités d'abonnement de faveur, qu'il pourrait contracter, qu'aux époques de renouvellement de ces traités et après avoir prévenu les intéressés trois mois d'avance.

Article 51.

Personnes qui peuvent obtenir un abonnement. — Toute personne dont la propriété longe une rue ou avenue dans laquelle est établie la canalisation a le droit d'obtenir un abonnement.

Article 52.

Mutations de propriétés. — L'aliénation à un titre quelconque de la propriété qui a été l'objet de l'abonnement ne rompt point les engagements pris par le propriétaire ou l'abonné précédent.

La convention qui transférera à l'acquéreur le bénéfice de l'abonnement, n'aura d'effet à l'égard du Concessionnaire qu'après avoir été dénoncé à celui-ci par les soins du vendeur.

S'il y a plusieurs acquéreurs ils déclareront s'engager solidairement.

Le Concessionnaire remet à l'ancien abonné une déclaration constatant la dénonciation.

ARTICLE 53.

Mutations par décès. — L'abonnement pourra être retiré après le décès de l'abonné à moins que les héritiers ne déclarent dans les deux mois qui suivront le décès s'obliger envers le Concessionnaire à continuer l'abonnement.

ARTICLE 54.

Droits et obligations de l'abonné. — Quel que soit le mode d'abonnement, l'abonné aura droit jour et nuit à la jouissance de l'eau dans tous les étages des maisons, des bâtiments et des usines.

Il aura à remplir toutes les obligations qui lui sont imposées par le présent règlement, par le traité de concession ou la convention passée entre la Ville et la Compagnie concessionnaire et par les règles du droit commun.

Aucun abonnement ne peut être transféré d'un immeuble à un autre ; par suite, l'abonné ne peut :

1° Distraire l'eau concédée pour une maison, afin de la faire pénétrer dans une maison voisine ;

2° Vendre, céder ou donner de l'eau aux voisins, sauf en cas d'incendie.

ARTICLE 55.

Spécialité de l'abonnement. — Chaque propriété aura un embranchement séparé avec prise d'eau distincte.

Toutefois, le propriétaire de plusieurs maisons contiguës pourra obtenir un abonnement à débit mesuré au moyen d'une seule prise d'eau.

ARTICLE 56.

Coupure du branchement en cas de résiliation. — Dans la résiliation d'un abonnement et si l'abonné est propriétaire du branchement, la Compagnie devra faire couper et détacher le tuyau de concession près de son point de jonction avec la conduite publique, en conservant toutefois le collier, pour maintenir la plaque pleine sur l'orifice de la prise d'eau. Ce travail, ainsi que toutes fouilles et tout raccordement seront exécutés d'office aux frais du propriétaire du branchement par les soins de la Compagnie concessionnaire.

A la suite de l'opération effectuée par la Compagnie, le propriétaire du branchement n'aura la faculté d'enlever les robinets d'arrêt, bouches à clef et agrès de prise et de distribution d'eau, sauf le collier, qu'à la condition que ce travail n'exige ni coupure de la chaussée ou du trottoir, ni déplacement des pavés ou des bordures de trottoirs.

Article 57.

Procès-verbal d'état des branchements. — Lors de l'entrée en jouissance de chaque abonnement, il sera dressé, par les soins du Concessionnaire, un état des lieux indiquant la nature, la disposition et le diamètre des conduits placés à l'intérieur de la propriété, ainsi que le nombre, l'emplacement et la dimension des robinets et autres appareils placés sur ces conduits.

Ce même état indiquera également l'origine et la position de l'embranchement extérieur, la position du robinet d'arrêt, la nature, l'épaisseur et le diamètre des tuyaux.

Article 58.

Modifications aux branchements. — L'abonné ne pourra apporter aucune modification à l'état de choses ainsi constaté sans le consentement exprès et par écrit du Concessionnaire pour toute la partie du branchement comprise entre l'origine et le compteur ou le réservoir, en cas d'abonnement par robinet de jauge. Au delà du compteur ou du réservoir, l'abonné ne pourra apporter aucune modification sans avoir obtenu l'autorisation préalable de l'Administration municipale.

Dans les abonnements à débit libre, aucune modification de ce genre ne pourra être faite sans le consentement exprès et par écrit du Concessionnaire. L'abonné sera seul responsable des dommages que peuvent occasionner les conduites particulières et les appareils dont l'entretien lui incombe.

Article 59.

Réparations et entretien. — Dans le cas où il serait nécessaire de faire à la conduite extérieure, ou au compteur, ou au robinet de jauge, des réparations dont les frais incomberaient à l'abonné, le Concessionnaire les fera exécuter d'office après avertissements donnés à l'abonné.

Celui-ci aura à en rembourser le coût aux prix du tarif au Concessionnaire. A défaut de paiement, le robinet d'arrêt sera fermé, sans préjudice de l'action en remboursement, et la redevance continuera à être due.

Si les réparations à faire sont à l'intérieur, qu'elles incombent à l'abonné et que celui-ci, dûment averti, refuse de les faire, le robinet d'arrêt sera fermé; nonobstant, la redevance continuera à être due.

Article 60.

Robinets d'arrêt. — Le Concessionnaire pourra exiger que chaque conduite particulière soit garnie d'un robinet d'arrêt dont la clef restera entre les mains du Concessionnaire, qui seul aura le droit de le faire manœuvrer.

Article 61.

Précautions contre les pertes d'eau dans le débit libre. — L'abonné devra toujours se conformer aux mesures que le Concessionnaire, d'accord avec l'Administration municipale, croira devoir prescrire pour empêcher l'abus dans les abonnements à débit libre.

Si l'abonné refuse d'accepter les dispositions qui lui seront imposées de ce chef, l'emploi de l'abonnement à débit mesuré sera obligatoire.

Article 62.

Dispositions d'ordre. — Dans le cas d'interruption du débit ou de réparations à effectuer à sa disposition intérieure, l'abonné doit prévenir immédiatement le Concessionnaire.

Tout abus ou fraude dûment constaté dans l'emploi de l'eau entraînera de plein droit pour l'abonné contrevenant l'obligation de payer au Concessionnaire une indemnité dont le montant ne pourra être inférieur à deux années de redevance. En outre, le Concessionnaire, d'accord avec l'Administration municipale pourra prononcer la résiliation de l'abonnement ou imposer au contrevenant, sous peine de résiliation, telle mesure ou tels travaux qu'il jugera utile pour empêcher le retour de l'abus ou de la fraude.

Article 63.

Formalités concernant l'abonnement, forme de la demande. — Celui qui voudra obtenir un abonnement en formera par écrit, la demande au Concessionnaire, lequel devra avoir un bureau dans l'agglomération de la Ville. La demande mentionnera :

1° Les prénoms, nom, profession, rue d'habitation et numéro ;

2° La disposition précise de la propriété, objet de la demande ;

3° Si la propriété sert à une exploitation commerciale ou à une industrie quelconque ; si elle est pourvue d'un bassin, d'un jet d'eau, d'une salle de bains, d'une latrine dite à l'anglaise, ou s'il y est fait usage de l'eau dans les différents cas spéciaux prévus par le présent règlement ;

4° Si elle renferme des locataires, quel est le nombre d'appartements distincts qu'elle comprend : combien occupés par des personnes seules et combien par des ménages ;

5° Si l'immeuble appartient au demandeur ou en quelle qualité il en dispose ;

6° Si des écuries et des remises dépendent de l'immeuble : combien de chevaux, mules, mulets, ânes ou bœufs sont attachés à la propriété : combien de voitures à quatre et à deux roues y sont remisées (voitures suspendues seulement) ;

7° La nature de l'abonnement ;

8° L'obligation de se soumettre au présent règlement et aux clauses du traité de concession ;

9° L'élection d'un domicile à Fourmies.

Afin d'assurer l'exécution des dispositions qui précèdent, un modèle rédigé par les soins du Concessionnaire et approuvé par l'Administration sera remis à tous ceux qui feront une demande d'abonnement.

ARTICLE 64.

Timbre et enregistrement — Les frais de timbre et d'enregistrement se rapportant à l'acte d'abonnement seront à la charge de l'abonné.

ARTICLE 65.

Election de domicile. — Pour l'exécution des présentes, domicile est élu à la mairie, pour la Ville, et au bureau central établi dans la partie agglomérée, pour la Compagnie, où seront faites toutes assignations et significations, sans avoir égard au domicile réel.

ARTICLE 66.

Le Concessionnaire s'oblige à fournir, dans un délai maximum de deux mois, un projet d'exécution définitif qui devra obtenir l'approbation des autorités compétentes.

IMPRIMERIE CHAIX, 20, RUE BERGÈRE, PARIS. — 2551-2-91.

www.ingramcontent.com/pod-product-compliance
Ingram Content Group UK Ltd.
Pitfield, Milton Keynes, MK11 3LW, UK
UKHW012307240726
13966UKWH00004B/1692

9 782013 501507